La Magia del Cambio

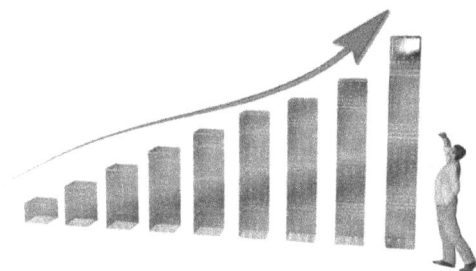

Jesús Rojas

*Producido y publicado por
Editorial Mundo Latino
en Los Angeles, California
2024*
ISBN: 979-8-89379-223-2

"Comenzar un camino nuevo da miedo. Pero a cada paso que damos, nos damos cuenta de que lo peligroso era quedarse quieto".

Roberto Benigni

Índice

Dedicatoria

Dedico este libro a todas aquellas personas que constantemente están en el camino de la superación y el desarrollo personal.

A todos aquellos que anhelan enriquecerse y hacer cambios y transformaciones en su vida.

También a quienes están comprometidos con la realización de sus objetivos, metas y sueños.

Agradecimiento

Doy gracias a Dios por la bendición de la vida, por mi familia y por apoyarme en todo momento para continuar perseverando con disciplina, constancia y persistencia.

Por las personas que leerán este libro y se tomarán el tiempo de meditar en cada uno de los capítulos y proponerse a cambiar esos hábitos arraigados por otros más positivos que le darán a su vida un nuevo rumbo.

Prefacio

Estimado lector de antemano le agradezco de todo corazón por darse la oportunidad de leer este libro, y tomarse el tiempo de transformar su vida.

Su tiempo es muy valioso por eso yo he puesto mi máximo esfuerzo en este libro para que usted obtenga algo provechoso para su vida.

Mi enfoque es enviar el mensaje del proceso del cambio y la transformación para crear seguridad y confianza en sí mismo y así pueda ayudar a otros por medio de sus vivencias.

En este libro usted encontrará una serie de técnicas que lo ayudarán precisamente y de una manera mágica y transformadora, para convertirse literalmente en la persona que desea ser.

El proceso es sencillo si sigues al pie de la letra los conceptos que serán expuestos aquí; yo le garantizo que haciendo esto, al final del proceso su conversión será milagrosa.

Tengo tres años escribiendo La Magia del Cambio y yo mismo me he encargado de supervisar de una forma muy meticulosa y especial, cada una de las líneas, pautas y técnicas que expongo en mi obra.

Es por eso que insisto que para lograr un 100% de su realización en cuanto a cambios de hábitos se refiere, el proceso debe ser completado desde el principio hasta el final.

Para escribir este libro he tomado conceptos de las técnicas de visualización creativa, la inteligencia emocional y la Programación Neurolingüística PNL todos métodos muy reconocidos por científicos, estudiosos en la materia y expertos de nuestra era moderna.

Al inicio escogí un grupo de personas de confianza para realizar este experimento y al final del experimento, del 100% de las personas del grupo experimental alcanzaron más del 95% en sus logros de transformación en las áreas que escogieron.

Incluso algunas lograron un 100% de efectividad en algunas otras áreas.

También quiero advertirle que estos métodos solo les funcionan a personas comprometidas, de carácter firme y que realmente estén dispuestas a mejorar.

Si usted es una de ellas y desea ver cambios positivos en su relación de pareja, con sus hijos, relaciones, con sus padres, con sus hermanos, sus relaciones laborales, sociales, espirituales, etc., este libro es para usted.

Les doy la bienvenida al maravilloso mundo del proceso de cambio para crear seguridad y confianza en si mismo y así poder impactar la vida de otras personas.

Prólogo

Desde que era un niño pequeño, me preguntaba constantemente: ¿Cómo y por qué cambian las cosas? ¿Por qué las hojas de los árboles se caen en otoño e invierno? ¿Porque vuelven a florecer en primavera?

Me parecía como si todo se detuviera por un instante o se ocultara en algún lugar invisible, para luego volver a la vida.

Todo esto me parecía un evento increíble, extraño y mágico, y en mi inocencia de niño, soñaba con descubrir ese gran fenómeno de la naturaleza.

Conforme crecía y transcurría el tiempo, fui descubriendo que cada año tiene cuatro estaciones y que cada una de ellas sigue un ciclo de continuidad constante el cual hace que exprese su magia y belleza durante todo el año.

De igual manera, los hábitos que adquirimos a través de la vida siguen un patrón de conducta muy similar.

Se adquieren y continúan creciendo en nuestro interior, alimentados por la mente inconsciente hasta convertirse en buenas costumbres o algunos en vicios o malos hábitos.

Los buenos hábitos también conllevan un ciclo continuo que se basa en la constancia, la disciplina, el esfuerzo, la perseverancia y la consistencia.

Mantengamos en cuenta mis estimados lectores que el enfoque principal debe estar siempre orientado hacia la sustitución.

Quiero decir, un mal hábito se puede sustituir por uno bueno y de eso trata este libro.

1

⇧⇩

Las leyes que gobiernan
el universo

1

Las leyes que gobiernan el universo

En este capítulo, analizaremos algunas leyes universales que siguen un proceso continuo y un ciclo constante; es esencial entenderlas para comprender mejor su funcionamiento y la influencia que tienen cada una de estas leyes en nuestras vidas.

La palabra "ley" tiene su origen en el latín. De acuerdo al escritor, político y orador romano Marco Tulio Cicerón, esta palabra proviene del verbo "*legere*", que significa leer; su hipótesis está basada en que en tiempos antiguos los romanos tenían por costumbre grabar las leyes en tablas para después leerlas públicamente.

Por otra parte, San Agustín dice que la palabra se deriva del verbo "*religare*", que significa elegir.

Santo Tomás de Aquino afirma que la palabra ley tiene su origen en "*ligare*", que significa ligar u obligar.

Independientemente de su etimología u origen en este capítulo discutiremos la definición de lo que son las leyes dictadas por hombres y las leyes universales; ambas comparten ciertas características como veremos.

Cualquier ley hecha por hombres determina una norma jurídica dictada por una autoridad competente, que exige, prohíbe o re-enforza algo respaldado por la justicia.

El incumplimiento de una ley de esta categoría conlleva a una sanción porque las leyes actúan como un control externo para regular la conducta humana y constituyen una fuente del derecho.

Pues bien, a continuación, discutiremos cuales son algunas de las principales características de cualquier tipo de ley.

Las características de una ley incluyen la posibilidad de regular algo factible, la capacidad de hacer cumplir lo establecido, después de haber sido dicha ley previamente validada y emitida por una autoridad competente.

Es importante mencionar que cualquier ley es eficaz para regular conductas y resolver conflictos de intereses.

Otro punto muy importante sobre las leyes, nuestro mundo y los seres humanos es conocer por qué son actualmente y han sido tan necesarias en la sociedad.

Las leyes regulan la convivencia en sociedad, dirigen las instituciones estatales y privadas, resuelven problemas y limitan derechos y obligaciones, entre otras razones políticas y sociales.

Para crear leyes efectivas, es crucial identificar la razón de establecerla, entender el problema y sus causas para así determinar los objetivos y considerar el impacto que tendrá tanto en el presente como en el futuro.

Antes de diseñar una ley y enforzarla, es fundamental considerar lo siguiente:

1. Identificar el problema subyacente.
2. Establecer las causas reales que lo originan.
3. Definir objetivos claros para abordar y resolver el problema.
4. Evitar duplicaciones normativas y buscar la efectividad a través de reglamentos existentes.
5. Estudiar cuidadosamente si la ley propuesta realmente solucionará el problema.

Es evidente que los humanos hemos vivido bajo un régimen de gobiernos regidos por leyes de todo tipo durante milenios, y aunque algunas de estas leyes puedan parecer contrarias a nuestra libertad en la actualidad, siguen aplicándose de manera consistente.

Además, de estas leyes escritas por grandes pensadores, filósofos y políticos existen otras leyes llamadas universales que, independientemente de si creemos en ellas o no, o si pensamos que existe una inteligencia universal que las estableció, estas leyes son reales y ejercen un efecto constante sobre nosotros y nuestro planeta.

En este capítulo nos enfocaremos en algunas de ellas como veremos a continuación.

Primero hablaremos sobre la "Ley de la Gravedad", la cual gobierna nuestro mundo. Esta ley fue descubierta por Isaac Newton y explica la atracción entre objetos y ha sido fundamental en la predicción de las órbitas planetarias y otros fenómenos astronómicos.

La ley de gravedad es la que establece la fuerza

de atracción entre dos cuerpos dotados de masa y es directamente proporcional al producto de sus masas e inversamente proporcional al cuadrado de la distancia que los separa. Esta ley también es conocida como la ley de la inversa del cuadrado de la distancia.

Isaac Newton la presentó en su libro "Philosophiæ Naturalis Principia Mathematica" el cual publicó en 1687, donde explicó el fenómeno de la atracción entre dos objetos con masa.

Newton, reconocido como físico, filósofo, inventor, alquimista y matemático inglés, describió las bases de la mecánica clásica y sus principios.

La ley de la gravedad tiene numerosas aplicaciones prácticas, incluyendo la predicción de órbitas de planetas y cometas, el descubrimiento de nuevos planetas, la determinación de la masa del planeta tierra y su relación con la teoría de la relatividad de Einstein.

En resumen, la ley de la gravedad o gravitación explica por qué los objetos lanzados hacia arriba regresan a la Tierra, independientemente de su peso o ubicación en el mundo.

Otra de las leyes que discutiremos en este capítulo es "la ley del tiempo", la cual al igual que otras leyes universales, requiere ciertos requisitos para su aplicación correcta y para que fluya en la dirección adecuada

Aunque existen diferentes perspectivas sobre el concepto del tiempo, algunos estudiosos como el físico Julian Barbour, escritor originario de Oxford, Reino Unido, sostiene que el tiempo es una percepción creada por nuestro cerebro, que clasifica los recuerdos como acontecimientos pasados y presentes. Barbour sugiere que existen indicadores de la percepción del paso del tiempo.

Por otra parte, el famoso científico Albert Einstein planteó la idea de que la distinción entre pasado, presente y futuro es una ilusión.

Lo que es innegable es que el tiempo, es una realidad objetiva y ejerce una influencia significativa en nuestras vidas.

Grandes descubridores e investigadores han profundizado en este tema, y aunque tienen diferentes ideas sobre la ley del tiempo han contribuido a nuestra comprensión de esta ley.

Existe también "la ley de la conservación del momento lineal" la cual define que cuando dos objetos colisionan a diferentes velocidades, tienen diferentes momentos lineales, sin embargo, la suma de esos momentos lineales antes y después de la colisión es igual.

En otras palabras, la cantidad total de momento lineal se conserva durante la colisión.

Finalmente en este capítulo discutiremos "la ley de la conservación de la energía", la cual es muy importante para entender lo que sucede a nuestro alrededor.

Según esta ley, la energía no puede crearse ni destruirse, solo puede transformarse de una forma a otra.

Lo interesante de la ley de la energía es la relación directa que hay entre la masa y la energía, un concepto que no se entendía claramente antes de Einstein.

Por ejemplo, cuando un tronco de madera se quema en una chimenea, la masa total disminuye, ya que parte de ella se convierte en energía, como el calor de la combustión.

Este principio se aplica de manera más eficiente en las centrales nucleares para la producción de energía.

La teoría de la relatividad general describe cómo la energía, la masa y el espacio-tiempo están relacionados.

Según esta teoría, los efectos gravitatorios son causados por la curvatura del espacio-tiempo generada por la presencia de materia.

Por ejemplo, en los agujeros negros, donde la gravedad es extrema, se producen curvaturas del espacio-tiempo que pueden observarse en películas que han discutido acerca de este tema como lo fue el film "Interstellar".

Newton, Einstein y otros titanes en los campos de la física y las matemáticas han legado un vasto corpus de conocimientos sobre las leyes universales que gobiernan nuestro universo. Sus incansables esfuerzos y dedicación han trascendido las fronteras del tiempo, proporcionándonos una comprensión más profunda de los fundamentos mismos de la realidad. A través de sus brillantes mentes, hemos sido dotados con herramientas conceptuales para desentrañar los misterios del cosmos y comprender mejor nuestro lugar en él.

Estos visionarios, cuyas contribuciones han resistido el paso de las décadas, han sido arquitectos del conocimiento humano, erigiendo monumentos de sabiduría que han transformado nuestra percepción del mundo que habitamos.

Desde las leyes del movimiento de Newton hasta la teoría de la relatividad de Einstein, cada descubrimiento ha sido un pilar en la construcción de nuestro entendimiento colectivo sobre la naturaleza misma de la realidad.

Su influencia se extiende más allá de los confines de los laboratorios y las aulas, permeando nuestra vida cotidiana de maneras sutiles pero profundas. Las leyes universales que desenterraron no solo han impulsado avances tecnológicos y científicos de proporciones monumentales, sino que también han enriquecido nuestra comprensión de los fenómenos naturales que nos rodean.

Desde la electricidad que alimenta nuestros hogares hasta la gravitación que mantiene unidos los planetas, estas leyes subyacentes moldean nuestra existencia de maneras que a menudo pasan desapercibidas.

En última instancia, el legado de estos genios reside en su capacidad para iluminar las conexiones entre lo microscópico y lo macroscópico, entre lo abstracto y lo concreto. Su trabajo nos recuerda que la belleza de las leyes universales radica en su universalidad y en su capacidad para explicar fenómenos aparentemente dispares con un conjunto unificado de principios.

Así, Newton, Einstein y sus contemporáneos continúan inspirando a generaciones futuras a explorar las profundidades del conocimiento y a desafiar los límites de lo que creemos posible.

Después de haber reflexionado sobre la profundidad de todas las leyes mencionadas en este capítulo y el trabajo de los grandes científicos como Newton y Einstein, nos queda claro que este mundo está regido tanto por leyes escritas por el hombre como por las leyes universales ya sea que las entendamos o no.

Newton, Einstein y otros genios en el campo de la física y las matemáticas nos proporcionaron un vasto conocimiento sobre las leyes universales que tienen un enorme impacto en nuestra vida.

Estos grandes hombres que dedicaron sus vidas al entendimiento de estas leyes, contribuyeron enormemente a expandir nuestro conocimiento sobre el mundo en el que vivimos y nos hicieron ver claro como influencian estas leyes en nuestra calidad de vida.

He aquí las diez reglas que le ayudarán a mejorar su calidad de vida:

1. Mantenga una actitud optimista y enfóquese en pensamientos constructivos para atraer situaciones favorables a su vida.

2. Reconozca y agradezca las cosas buenas que tiene en au vida, cultivando así una mentalidad de abundancia y satisfacción.

3. Dedique tiempo a lo que ama hacer y busque formas de integrarlo en su vida diaria para encontrar satisfacción y propósito.

4. Practique la empatía hacia los demás, reconociendo sus experiencias y mostrando comprensión y apoyo cuando sea necesario.

5. Acepte que el cambio es una parte natural de la vida y aprenda a adaptarse a nuevas circunstancias con flexibilidad y resiliencia.

6. Priorice las relaciones saludables y significativas, nutriéndolas con comunicación abierta, respeto y apoyo mutuo.

7. Enfóquese en el momento presente y disfrute de las experiencias que estáa viviendo ahora mismo, en lugar de preocuparse por el pasado o el futuro.

8. Dedique tiempo regularmente para cuidar su bienestar

9. Tome responsabilidad por sus decisiones y acciones, reconociendo que tiene el poder de influir en su vida y en la de los demás.

10. Respete y cuide el medio ambiente, reconociendo tu interconexión con la naturaleza y adoptando hábitos saludables.

2

La ley del proceso

2

La Ley del Proceso

"Me lo contaron y lo olvidé, lo vi y lo entendí, lo hice y lo aprendí." **Confusio**

La palabra "proceso" viene del latín *processus, procedere*, que proviene de *pro* (para adelante) y *cere* (caer, caminar), lo cual significa progreso, avance, marchar, ir hacia un fin determinado.

Por ende, proceso está definido como la sucesión de actos o acciones realizadas con cierto orden, que se dirigen a un punto específico, así como también al conjunto de fenómenos activos y organizados en el tiempo.

Según el diccionario de la Real Academia Española, esta palabra se define como la acción de ir hacia adelante, al transcurso del tiempo, al conjunto de las fases sucesivas de un fenómeno natural o de una operación artificial.

El término *"proceso"* está relacionado a varios ámbitos con conceptos diferentes; en las ciencias, para la biología, es el nombre que se le otorga a la prolongación de un órgano o un tejido que sobresale del resto.

En la química, es un conjunto de operaciones

químicas o físicas donde ocurre algún tipo de reacción transformando una materia inicial en un producto final distinto.

Existen procesos naturales como la fotosíntesis, reproducción, digestión, envejecimiento, y procesos artificiales como la sulfatación o la producción de polímeros.

Un proceso educativo es aquel en el cual el ser humano aprende a vivir y a ser, para ir desarrollando sus conocimientos y valores.

En informática, un proceso es una serie de operaciones lógicas y aritméticas ejecutadas por el computador para gestionar datos suministrados y obtener resultados determinados.

En el campo empresarial y económico, el proceso es una secuencia de actividades humanas que transforman un conjunto específico de insumo en un rendimiento productivo.

Con respecto a lo industrial, un proceso de fabricación es el conjunto de transformaciones que se realizan sobre una materia prima hasta obtener el producto final.

Por último, en el campo jurídico y penal, un proceso es el procedimiento o actuación efectuada por un tribunal para la reclamación o prosecución de los derechos, como también la determinación de la culpabilidad en cierto delito para continuar con la aplicación de la pena correspondiente a los individuos que resulten culpables.

En la rama de la información, un proceso es un concepto manejado por los sistemas operativos, compuesto por las instrucciones de un programa destinadas a ser ejecutadas por el microprocesador.

"La ley de la siembra y la cosecha"

En el proceso de "la siembra y la cosecha", están bien definidos los pasos a seguir para tener una cosecha abundante, próspera y bendecida.

1. **Se prepara la tierra**

El nivel de preparación de la tierra es para que la semilla caiga en una tierra fértil y produzca fruto en calidad, cantidad y abundancia.

2. **Se compra y escoge la semilla**

Las características de la semilla deben ser fuertes, limpias, saludables, grandes y brillantes.

3. **Se abren surcos en la tierra**

Es hacer el surco, sembrar la semilla, cerciorarse de que la semilla caiga dentro del surco, tapar el surco o cubrir la semilla con la tierra, para que la semilla efectúe un buen arraigado y forje buenas raíces.

4. **El método de irrigación**

Esto es importantísimo, ya sea potable o natural, el agua hace una función sumamente especial, ya que es la que le da vida a la semilla.

5. **La fotosíntesis**

Es vital para el nacimiento y crecimiento de la semilla, ya que sin la luz del sol sería prácticamente imposible la vida de la planta, y junto con el agua y la tierra hacen posible la multiplicación de la semilla y la consecuente producción.

Después de que la planta ha nacido y está creciendo lentamente, es necesario quitar la maleza, limpiar, desquitar y mantener la planta libre de cualquier impureza, y abonarla para su crecimiento.

Después de un largo proceso de seguimiento y trabajo continuo, estará lista para cosechar al 100 por uno.

Como se puede ver, un proceso es una serie de requerimientos y pasos que se debe seguir para lograr un objetivo.

El proceso de aprendizaje efectivo consta de tres caracteres muy importantes, los cuales son, el saber, el aprender y el hacer.

Veamos a continuación cada uno de estos procesos en profundidad.

1.- El saber..."Sólo sé que no sé nada."

Sócrates

Ya lo decía el gran filósofo griego Sócrates, que vivió 400 años antes de Cristo, *"Sólo sé que no sé nada"*, frase célebre que perpetuó, cuando se presentó ante el oráculo de Delfos, y le preguntó quién era el más sabio; y el oráculo le contestó: *"Tú eres el más sabio"*.

Ahí fue donde entendió que su verdadera sabiduría consiste en entender su propia ignorancia. Y es que ese es el punto más importante, cuando reconocemos nuestra propia ignorancia, nos damos cuenta de que la vida es siempre un constante aprendizaje y un flujo de energía encaminado hacia nuestro enriquecimiento personal.

2. El aprender...

El aprendizaje es en sí un ente muy poderoso cuando de superación personal se trata. Siguiendo un proceso de actividad continua y constante, se cumple el efecto del aprendizaje, y después de una gran perseverancia, constancia, persistencia y repetición, el aprendizaje pasa a su siguiente nivel... el hacer.

3. El hacer...

Después de un proceso continuo de repetición, enfoque y dedicación, la práctica es el último paso hacia el éxito personal y profesional.

Continuando con el análisis reflexivo de este capítulo, vale la pena destacar varios puntos importantes:

4. El proceso de aprendizaje es continuo

Desde el nacimiento hasta la vejez, estamos inmersos en un constante aprendizaje. Cada etapa de la vida nos presenta nuevos desafíos y oportunidades para crecer y desarrollarnos tanto a nivel personal como profesional.

5. El poder del auto descubrimiento

Reconocer nuestra propia ignorancia, como lo expresó Sócrates, es el primer paso hacia el verdadero conocimiento. Aceptar que siempre hay más por aprender nos impulsa a buscar nuevas experiencias y conocimientos, lo que enriquece nuestra vida y nos ayuda a alcanzar nuestro máximo potencial.

6. La importancia del saber, el aprender y el hacer

Estos tres aspectos conforman un ciclo fundamental durante el proceso de transformación personal.

Primero, necesitamos adquirir conocimientos y comprender nuestras metas y deseos (saber). Luego, debemos comprometernos a aprender y desarrollar las habilidades necesarias para alcanzar esas metas (aprender). Finalmente, debemos actuar y poner en práctica lo que hemos aprendido para lograr el cambio deseado (hacer).

7. El rol del tiempo y el espacio en el proceso

Como mencionó Albert Einstein, el tiempo y el espacio son relativos y están interconectados.

Esto significa que el proceso de transformación puede ocurrir en diferentes momentos y lugares, y cada individuo puede experimentarlo de manera única.

Es importante ser conscientes de esta relación para aprovechar al máximo nuestro tiempo y espacio en el proceso de cambio.

En resumen, es importante reflexionar sobre la naturaleza del proceso de transformación personal y a destacar la importancia del autodescubrimiento, el aprendizaje continuo y la acción deliberada.

Estos principios nos guían en nuestro viaje hacia el crecimiento personal y nos ayudan a alcanzar nuestras metas y aspiraciones en la vida.

8. El valor de los descubrimientos

La historia está marcada por figuras que han realizado grandes descubrimientos que han cambiado el curso de la humanidad.

Desde el viaje de Cristóbal Colón que condujo al encuentro entre el Nuevo Mundo y el Viejo, hasta los avances científicos que han revolucionado la medicina y la biología, como el descubrimiento de la penicilina por Alexander Fleming y la estructura del ADN por James Watson y Francis Crick, estos hallazgos han transformado nuestra comprensión del mundo y han tenido un impacto duradero en nuestras vidas.

9. La importancia del azar y la serendipia en los descubrimientos

Muchos de los descubrimientos históricos mencionados arriba, se produjeron de manera accidental o por casualidad.

Cristóbal Colón no tenía la intención inicial de descubrir un nuevo continente, sino que buscaba una ruta comercial hacia la India.

Del mismo modo, el descubrimiento de la penicilina por Fleming fue el resultado de una contaminación accidental en un cultivo de bacterias.

Esto nos recuerda que a veces las grandes revelaciones surgen de situaciones inesperadas y que debemos estar abiertos a las oportunidades que se presentan ante nosotros.

10. El trabajo colaborativo y los grandes logros

Detrás de cada gran descubrimiento hay un equipo de investigadores que trabajan arduamente, compartiendo ideas y colaborando para alcanzar un objetivo común.

En el caso del ADN, el trabajo conjunto de James Watson, Francis Crick, Maurice Wilkins y Rosalind Franklin fue fundamental para descifrar su estructura molecular.

Es importante reconocer y valorar el esfuerzo colectivo que implica la investigación científica y celebrar los logros compartidos.

11. El impacto de los descubrimientos en la sociedad

Los descubrimientos científicos no solo amplían nuestro conocimiento del mundo, sino que también tienen un impacto significativo en la sociedad y en la forma en que vivimos nuestras vidas.

La penicilina, por ejemplo, transformó radicalmente el tratamiento de las enfermedades infecciosas y salvó innumerables vidas durante la Segunda Guerra Mundial.

Del mismo modo, el descubrimiento del ADN ha revolucionado la medicina y la biotecnología, abriendo nuevas posibilidades para el diagnóstico y tratamiento de enfermedades genéticas y cánceres.

La reflexión sobre la naturaleza del proceso de transformación personal nos lleva a adentrarnos en un viaje de autodescubrimiento, aprendizaje continuo y acción deliberada. Este proceso es una travesía interna que nos invita a explorar nuestras creencias, valores y experiencias para alcanzar un mayor entendimiento de nosotros mismos y del mundo que nos rodea.

El autodescubrimiento es el punto de partida de este viaje. Implica mirar hacia adentro con honestidad y curiosidad, explorando nuestras emociones, motivaciones y deseos más profundos. Al conocer nuestras fortalezas y debilidades, podemos identificar áreas de crecimiento y desarrollo personal. Este proceso nos permite definir nuestras metas y aspiraciones de manera más clara y consciente.

El aprendizaje continuo es otro pilar fundamental en este proceso de transformación. A medida que exploramos nuevas ideas, perspectivas y habilidades, expandimos nuestro horizonte mental y emocional. Cada experiencia de aprendizaje nos brinda la oportunidad de crecer y evolucionar, desafiando nuestras creencias preconcebidas y ampliando nuestra comprensión del mundo. El aprendizaje continuo nos empodera para adaptarnos a los cambios y superar los desafíos que encontramos en nuestro camino.

La acción deliberada es el motor que impulsa nuestra transformación personal. Una vez que hemos identificado nuestras metas y adquirido el conocimiento necesario, es crucial dar pasos concretos hacia su realización.

Esto implica tomar decisiones conscientes y comprometernos con un proceso de cambio progresivo. A través de la acción deliberada, convertimos nuestras intenciones en realidad y nos acercamos cada vez más a nuestra versión más auténtica y plena.

En resumen, el proceso de transformación personal es un viaje interior que requiere autodescubrimiento, aprendizaje continuo y acción deliberada. Al comprometernos con este proceso, podemos alcanzar un mayor nivel de autoconocimiento, crecimiento personal y realización. Es a través de este viaje que nos convertimos en arquitectos de nuestra propia vida, forjando nuestro destino con determinación y pasión.

Ya para concluir con este capítulo deseo agregar que los grandes descubrimientos de la historia nos enseñan la importancia del azar, la colaboración y el impacto en la sociedad.

Estos descubrimientos también nos recuerdan que el proceso de exploración y descubrimiento es fundamental para el avance del conocimiento humano y para resolver los desafíos que enfrentamos como sociedad.

He aquí las diez reglas necesarias para progresar en sus metas:

1. Establezca metas claras y alcanzables.
2. Planifique acciones concretas para lograr sus metas.
3. Comprométase a tomar acción constante y consistente.
4. Mantenga un enfoque firme en sus objetivos, evitando distracciones.
5. Busque aprendizaje continuo y adáptese según sea necesario.
6. Rodéese de personas que lo apoyan y lo motiven.
7. Supere obstáculos con determinación y resiliencia.
8. Celebre cada avance, por pequeño que sea.
9. Visualice alcanzar sus metas para mantener la motivación.
10. Revise y ajuste su plan regularmente para mantenerse en el camino hacia el éxito.

3

⬆️⬇️

La ley del cambio

3

La ley del cambio

"La sabiduría es el arte de aceptar aquello que no puede ser cambiado, de cambiar aquello que puede ser cambiado y, sobre todo, reconocer la diferencia."

Emperador Marco Aurelio

En el universo de la enseñanza sobre el cambio, se alza un cuento maravilloso del gran escritor argentino Jorge Bucay que, de manera clara, concisa y objetiva, ilustra la ley del cambio.

Posiblemente ya lo haya escuchado o leído, pero aquí se lo recordamos nuevamente.

La regla del oso idiota

La pregunta es directa: ¿Quiere algo? "¡Obténganlo!" ¡Vaya y tome lo que desea! Persiga con todas sus fuerzas aquello que anhela, arriésguese, comprométase con sus sueños y no escatime esfuerzos en conseguirlo.

Sin embargo, es inevitable reconocer que a veces resulta imposible obtener lo que se desea.

¿Qué hacer entonces?

La regla del oso nos instruye: *"¡Sustitúlyalo!"*

Si no puede obtener lo que desea, busque una

alternativa, encuentre una sustitución. Si una puerta se cierra, abra una ventana; si un camino se bloquea, busque otra ruta.

En algunas ocasiones, la sustitución parece inalcanzable.

¿Entonces cuál es la respuesta? *"Olvídelo"*

Si no puede obtenerlo y no puede sustituirlo, déjelo ir.

No se aferre a lo imposible, no deje que el anhelo lo consuma y lo paralice.

La regla del oso nos recuerda que si persiste en aferrarse a lo inalcanzable, si se resiste a soltar lo que no puede ser, entonces, en palabras crudas, se convierte en un idiota, porque algunas veces, la sabiduría reside en saber cuándo soltar y dejar ir.

El ser humano, en su complejidad, a menudo se encuentra tropezando repetidamente con las mismas piedras, sin aprender de sus errores, atrapado en un ciclo de comportamiento que le causa sufrimiento a sí mismo y a sus seres queridos.

Etimología del Cambio

La palabra "cambio" proviene del latín "cambium", que significa hacer un trueque o un intercambio.

Esta raíz se remonta al celta o al galo, relacionado con la idea de curva.

Esta noción de cambio se manifiesta en nuestra cotidianidad, desde las transacciones comerciales hasta los giros de la vida misma.

Definición de Cambio

El cambio, derivado del latín "cambium", implica la acción o efecto de modificar o reemplazar una situación por otra.

Puede ser un sinónimo de la palabra permuta, que significa transformación o adaptación.

El verbo "cambiar" implica abandonar una condición para adoptar otra.

"No tengo miedo de los cambios lentos, solo tengo miedo de permanecer inmóvil." DAA

La historia de Fernando, un joven cuya pasividad le costó su salud y bienestar, ilustra la importancia de no permanecer estático ante la vida.

Su lema inicial, *"Tranquilo que todo pasa"*, se debe transformar en *"Ahora o nunca"* o se enfrentarán graves consecuencias por la inacción.

A través del cambio intencionado y la determinación, usted logra una transformación radical en su vida, recordando siempre que el movimiento constante conduce al éxito.

"Sé el cambio que quieres ver en el mundo"
Gandhi

El deseo de cambiar a los demás es inherente a la naturaleza humana, pero a menudo descuidamos nuestro propio proceso de transformación.

La sabiduría radica en reconocer que el cambio comienza en uno mismo, irradiando luego hacia los demás y, finalmente, hacia el mundo.

Análisis Reflexivo

1. Reconozca cuándo soltar y dejar ir lo que no puedes cambiar.
2. Persiga los cambios intencionados que enriquezcan su vida y perduren en el tiempo.

3. Abrace el cambio en todas las áreas de tu vida, sabiendo que la transformación es una constante.

4. Comprenda que toda transformación parte de uno mismo y se expande hacia el entorno.

El amor, como fuerza transformadora, tiene el poder de cambiar nuestra realidad de manera profunda y significativa. Al abrazar el amor y permitir que fluya a través de nosotros, podemos experimentar una transformación interna que se refleja en nuestro entorno y relaciones.

Cuando nos abrimos al amor, cultivamos una conexión genuina con nosotros mismos y con los demás. Este amor propio nos permite aceptarnos y valorarnos tal como somos, liberándonos de juicios y críticas internas. Al mismo tiempo, nos capacita para mostrar compasión y empatía hacia los demás, fortaleciendo nuestras relaciones y creando un sentido de comunidad y conexión.

El amor también nos impulsa a actuar con bondad y generosidad en el mundo. Cuando permitimos que el amor guíe nuestras acciones, buscamos oportunidades para hacer una diferencia positiva en la vida de los demás. Ya sea a través de pequeños actos de amabilidad o de compromisos más grandes en el servicio a los demás, el amor nos inspira a ser agentes de cambio y contribuir al bienestar colectivo.

Además, el amor nos capacita para enfrentar los desafíos y superar las adversidades con fuerza y resiliencia. Cuando nos sentimos amados y apoyados, encontramos la fortaleza interior para enfrentar los obstáculos con valentía y determinación. El amor nos da la fuerza para seguir adelante incluso en los momentos más difíciles, recordándonos que somos dignos de amor y merecedores de una vida plena y significativa.

En última instancia, al abrazar el amor como fuerza transformadora, abrimos nuestro corazón a la belleza y la plenitud de la vida. Nos convertimos en co-creadores de un mundo lleno de amor, compasión y entendimiento mutuo. A medida que permitimos que el amor fluya a través de nosotros, nos convertimos en agentes de cambio positivo en nuestro propio camino y en el mundo que nos rodea.

Análisis Reflexivo

Abrace el amor como fuerza transformadora, permitiendo que fluya a través de usted y cambie su realidad.

1. La búsqueda de cambios intencionados, motivados por el amor, conduce a una vida más plena y satisfactoria.
2. Reconozca que el cambio comienza en usted mismo y que solo así podrá influir positivamente en los demás y en el mundo que lo rodea.

Con estos principios en mente, sea el arquitecto de

su propia transformación y deje que el cambio lo lleve hacia una vida más plena y significativa.

He aquí los diez cambios más importantes que debemos hacer para modificar nuestros hábitos:

1. Reconocer la necesidad de cambio y estar dispuesto a comprometerse con él.
2. Identificar patrones de comportamiento que se deseen modificar.
3. Establecer metas claras y específicas para el cambio deseado.
4. Practicar la autoconciencia para reconocer cuándo se está actuando según los viejos patrones.
5. Desarrollar nuevas habilidades y estrategias para abordar situaciones de manera diferente.
6. Buscar apoyo y orientación de personas de confianza o profesionales si es necesario.
7. Practicar la paciencia y la perseverancia, entendiendo que el cambio lleva tiempo.
8. Celebrar los pequeños avances y logros en el camino hacia el cambio.
9. Mantener un diálogo interno positivo y constructivo, desafiando los pensamientos negativos que puedan obstaculizar el progreso.
10. Permanecer abierto al aprendizaje y la mejora continua, adaptándose según sea necesario para mantener el cambio a largo plazo.

4

⇧⇩

La ley de la transformación

4

La ley de la transformación

"La mayor transformación es la de uno mismo; el mayor cambio es el de uno mismo. Cuando el cambio y la transformación conviven en armonía, el ejemplo predica solo."
Jesús Rojas

La palabra "transformación", derivada del griego, tiene su raíz en "metamorfosis", que significa literalmente "un cambio de forma" en diversos aspectos, ya sea metabólico, físico, biológico, psicológico, entre otros.

En este viaje de metamorfosis y cambio, quiero resaltar la transformación que usted experimentará personalmente al concluir este libro.

Una de las historias de transformación que más me ha impactado es la de San Agustín de Hipona. Aurelio Agustín nació en Tagaste, en el África Romana, el 13 de noviembre del año 354.

Su padre, Patricio, era un funcionario público pagano al servicio del Imperio, mientras que su madre, fue la dulce y devota cristiana Mónica.

Inicialmente, las escrituras desilusionaron a

Agustín y aumentaron su desconfianza hacia una fe impuesta y carente de fundamento racional.

Sus inclinaciones lo llevaron hacia la filosofía, encontrando refugio en el escepticismo moderado, pero esto no satisfizo su búsqueda de la verdad.

El punto crucial en la vida de San Agustín fue su adhesión al dogma maniqueo, que representaba dos sustancias opuestas, una buena (la luz) y otra mala (las tinieblas), eternas e irreductibles.

Sin embargo, con el tiempo, su inteligencia superó el hechizo maniqueo y se distanció de esta doctrina.

Continuó con sus estudios y en el año 384 lo encontramos en Milán, ejerciendo como profesor de oratoria.

Finalmente, en el 387, fue bautizado por San Ambrosio y se entregó por completo al servicio de Dios.

Tras la muerte de Valerio, hacia finales del 395, fue nombrado obispo de Hipona.

El pensamiento de San Agustín se centró en la relación del alma, perdida por el pecado y salvada por la gracia divina de Dios.

Para él, el cuerpo y el alma son sustancias completas y separadas, siendo su unión algo accidental.

San Agustín también defendió vigorosamente el cristianismo de las acusaciones de ser responsable de las desgracias del Imperio.

Durante sus últimos años, presenció las invasiones bárbaras del norte de África y falleció durante el asedio de Hipona.

Un factor fundamental en su transformación fue el papel de su madre, Santa Mónica, quien oró durante más de treinta años por la transformación de su hijo, quien previamente llevaba una vida de libertinaje y violencia.

Entendiendo la transformación como un cambio literal, ya sea de lugar, de objeto o de perspectiva, podemos ver que la secuencia es la siguiente:

San Agustín fue poeta, teólogo, filósofo, obispo y santo, ejemplificando una conversión notable.

Una de las frases más hermosas de San Agustín es: "*Ama y haz lo que quieras*".

Cambio + Transformación = Conversión

La relación entre cambio, transformación y conversión es profunda y compleja, abarcando tanto aspectos individuales como sociales. En primer lugar, el cambio se refiere a la alteración en una situación, estado o condición.

Puede ser gradual o repentino, positivo o negativo, y puede surgir tanto de fuerzas internas como externas. La transformación, por otro lado, implica un cambio fundamental y significativo que altera la esencia de algo, llevándolo a un nuevo estado o nivel de ser.

La transformación es más radical que el cambio, ya que implica una reconfiguración completa de la estructura o naturaleza de un objeto, persona o sistema.

Cuando hablamos de conversión, nos referimos a un tipo particular de transformación que implica un cambio profundo en las creencias, valores o identidad de una persona.

La conversión puede ser espiritual, ideológica, emocional o incluso física. Es un proceso que va más allá de la mera adaptación o ajuste y conlleva una reorientación fundamental en la forma en que una persona percibe el mundo y se relaciona con él.

La conversión a menudo implica un despertar, una epifanía o un momento de claridad que conduce a una nueva comprensión o perspectiva de la vida.

En la intersección de cambio, transformación y conversión, encontramos un proceso dinámico y evolutivo que impulsa el crecimiento personal y el desarrollo humano.

El cambio puede ser el catalizador que desencadena la transformación, y a su vez, la transformación puede llevar a la conversión.

Por ejemplo, un evento significativo en la vida de una persona puede provocar una profunda reflexión y autoevaluación, lo que eventualmente podría conducir a una transformación interna y a una conversión en términos de valores, creencias o comportamientos.

Además, la conversión no es un evento único y estático, sino un proceso continuo y en constante evolución. A medida que una persona experimenta cambios en su vida y se somete a procesos de transformación, es probable que ocurran múltiples conversiones a lo largo del tiempo. La vida misma se convierte en un viaje de autodescubrimiento y crecimiento, en el que el individuo se enfrenta constantemente a nuevos desafíos y oportunidades para cambiar, transformarse y convertirse en una versión más auténtica y plena de sí mismo.

En resumen, la relación entre cambio, transformación y conversión es intrínseca y esencial para el proceso de desarrollo humano. Cada uno de estos elementos interactúa de manera dinámica para dar forma a nuestra experiencia de vida y contribuir a nuestro continuo crecimiento y evolución personal.

En un estudio realizado durante catorce años en diversas ciudades del mundo, como Roma, París, Londres, Tokio, Colombia y Ciudad de México, llegué a la conclusión de que la mayoría de las personas anhelan la transformación en sus vidas, principalmente en sus hábitos.

Al preguntarles a algunas personas qué les gustaría cambiar para acercarse más a sus sueños, sus respuestas en la mayoría fueron que los cambios más significativos incluían la paciencia, la perseverancia, la bondad, la comunicación, la espiritualidad, la compasión, la empatía, la confianza, entre otros.

Al finalizar este libro y seguir los pasos aquí expuestos, su transformación será un hito importante en su vida y un ejemplo brillante de superación y servicio a los demás.

Es común cometer el error de intentar muchos cambios a la vez, lo que, junto con la falta de persistencia, dificulta la transformación auténtica.

A medida que avancemos en el libro, profundizaremos en el tema para que encuentres la fórmula del éxito en la transformación.

"Si quieres cambiar al mundo, cámbiate a ti mismo."
Mahatma Gandhi

Meditando en esta frase de Mahatma Gandhi, estos pasos pueden ayudarnos a transformar nuestras vidas progresivamente.

1. Tómese el tiempo para reflexionar sobre sus propias fortalezas, debilidades, valores y áreas de mejora.

2. Identifique áreas específicas en las que desee mejorar y establezca metas alcanzables y realistas.

3. Acepte y abrace su yo auténtico, reconociendo que el cambio es un proceso natural y que está en constante evolución.

4. Practique la observación consciente de sus pensamientos, emociones y comportamientos para comprender mejor cómo se relacionan entre sí.

5. Identifique y cuestione las creencias negativas o limitantes que puedan estar frenando su crecimiento personal.

6. Cultive una actitud de gratitud hacia sí mismo, reconociendo y apreciando sus propias cualidades y logros.

7. Priorice su bienestar físico, mental y emocional, incorporando hábitos saludables como ejercicio, descanso adecuado y manejo del estrés.

8. Aprenda estrategias efectivas para manejar el estrés, la ansiedad y otras emociones difíciles de manera constructiva.

9. Desarrolle la capacidad de recuperarse rápidamente de los contratiempos y aprender de las experiencias desafiantes.

10. Manténgase abierto al aprendizaje y la mejora constante, buscando oportunidades para expandir su conocimiento, habilidades y perspectivas.

5

La creación

5

La creación

"La ocasión hay que crearla, no esperar a que llegue."
Francis Bacon

En el corazón de nuestra existencia yace el poder transformador de la creación. Desde los mitos y leyendas de los tiempos más antiguos hasta las historias contemporáneas, la creación ha sido un poderoso motor de cambio que ha impulsado el avance humano a lo largo de la historia.

Al fomentar la creatividad en nuestras respuestas y en nuestras interacciones cotidianas, podemos enriquecer nuestras vidas y contribuir positivamente al mundo que nos rodea.

Desde los relatos bíblicos hasta las anécdotas contemporáneas, la humanidad ha sido testigo y partícipe de este proceso que da vida a lo nuevo, que da forma a lo que antes era solo una idea.

En este capítulo, exploraremos el concepto de la creación, desde su significado hasta su manifestación en nuestras vidas cotidianas, y cómo podemos cultivarla para enriquecer nuestras interacciones y respuestas ante los desafíos de la vida.

La creación es más que un simple acto; es la acción y el efecto de generar algo que antes no existía.

Es un proceso que abarca desde la gestación de una idea hasta su manifestación en la realidad tangible o intangible.

En la Biblia, específicamente en el libro del Génesis, encontramos un relato que narra el origen de la creación, un relato que trasciende el tiempo y que nos invita a reflexionar sobre el poder transformador de este proceso.

El lobo harto y la oveja

En una fábula clásica, "El lobo harto y la oveja", se nos presenta un encuentro inesperado entre un lobo saciado y una oveja paralizada por el miedo.

En este relato, la oveja, con valentía y sinceridad, responde a las preguntas del lobo, lo que lo lleva a reflexionar sobre sus acciones y a dejarla marchar.

Esta historia nos enseña la importancia de vivir en la verdad y de crear pensamientos auténticos en nuestras vidas.

El ser humano, como una comunidad de células en constante interacción y reproducción, es esencialmente una máquina creativa.

Generamos miles de pensamientos diarios, manifestando así nuestra capacidad innata de crear tanto ideas como objetos tangibles.

Durante mi estancia en Londres en octubre de 2014, escuché una anécdota inspiradora sobre

Mahatma Gandhi, que ilustra el poder de la creatividad en la respuesta a situaciones desafiantes.

A pesar de los insultos de su profesor, Gandhi respondió con inteligencia y calma, cambiando de mesa con un gesto ingenioso que desarmó la tensión del momento.

Creación de inteligencia pasiva

Este proceso implica tomarse un momento para reflexionar antes de responder, permitiendo así respuestas de mayor calidad en nuestras interacciones cotidianas.

La meditación juega un papel crucial en el desarrollo de esta inteligencia creativa, al permitirnos reflexionar y generar soluciones creativas y constructivas.

La capacidad de crear nos distingue como seres humanos y nos permite transformar ideas en realidad tangible.

Desde las pinturas rupestres hasta las obras de arte contemporáneas, la creatividad ha sido un faro de luz en la oscuridad, guiándonos hacia nuevas posibilidades y horizontes inexplorados.

Al abrazar nuestro potencial creativo, abrimos puertas a la imaginación, la innovación y el descubrimiento.

La creación nos desafía a pensar más allá de los límites convencionales, a cuestionar lo establecido y a buscar soluciones novedosas a los problemas que enfrentamos. Nos insta a explorar nuevos caminos y a romper con la monotonía de la vida cotidiana.

A través del proceso creativo, encontramos una vía de escape de la rutina y una fuente de inspiración que alimenta nuestra alma.

Además, la creación nos conecta con los demás de maneras profundas y significativas. A través del arte, la música, la literatura y otras formas de expresión creativa, podemos comunicar emociones, experiencias y perspectivas que trascienden las barreras del tiempo y del espacio.

La creación nos une en una red de experiencias compartidas y nos recuerda nuestra humanidad común.

En última instancia, la creación es un acto de amor hacia uno mismo y hacia el mundo que habitamos. Al comprometernos con la creatividad en todas sus formas, nos comprometemos con un viaje de autoexpresión y autodescubrimiento.

Nos convertimos en co-creadores de nuestro destino y en agentes de cambio en un mundo en constante evolución.

En conclusión, la creación es un poderoso proceso que implica dar vida a lo nuevo y lo innovador en nuestras vidas.

Desde los relatos antiguos hasta las anécdotas modernas, la creación ha sido y seguirá siendo una fuerza transformadora que impulsa el progreso humano.

Al cultivar la creatividad en nuestras respuestas y en nuestras interacciones diarias, podemos enriquecer nuestras vidas y contribuir positivamente al mundo que nos rodea.

La creación no se limita a un simple acto; es una filosofía de vida que nos anima a reflexionar, a pensar de manera innovadora y a actuar con inteligencia y originalidad en todas nuestras empresas.

He aquí 10 pasos para convertirnos en personas más creativas.

1. **Cultivar la curiosidad:** Mantener la mente abierta y explorar activamente nuevas ideas, conceptos y perspectivas.

2. **Estimular la imaginación:** Practicar la visualización creativa y el pensamiento lateral para generar nuevas conexiones y soluciones innovadoras

3. **Fomentar la experimentación:** Probar cosas nuevas sin miedo al fracaso, entendiendo que cada intento es una oportunidad de aprendizaje.

4. **Romper con la rutina:** Salir de la zona de confort y buscar experiencias que desafíen las convenciones establecidas.

5. **Practicar el pensamiento divergente:** Generar múltiples ideas y soluciones, sin juzgar su viabilidad en un principio.

6. **Cultivar la pasión:** Enfocarse en áreas de interés personal y dedicar tiempo y energía a proyectos que inspiren entusiasmo y creatividad.

7. **Establecer conexiones:** Buscar inspiración en diferentes disciplinas y contextos, buscando relaciones inesperadas entre ideas aparentemente no relacionadas.

8. **Cultivar un ambiente propicio:** Crear un entorno de trabajo que fomente la creatividad, con espacio para la experimentación, la colaboración y la expresión libre de ideas.

9. **Practicar la persistencia:** Mantenerse comprometido con los desafíos creativos, superando obstáculos y resistiendo la tentación de abandonar ante la adversidad.

10. **Celebrar los logros:** Reconocer y valorar los éxitos creativos, tanto grandes como pequeños, para mantener la motivación y el impulso hacia nuevas exploraciones creativas.

6

La seguridad

6
La seguridad

"Con el puño cerrado no se puede intercambiar un apretón de manos." **Indira Gandhi**

La seguridad es un concepto que arraiga sus raíces en la confianza y la ausencia de riesgo.

Derivada del término latino "securitas", la seguridad abarca desde la sensación de bienestar hasta la confianza en algo o alguien, dependiendo del contexto en el que se aplique.

En la fábula clásica de Esopo, "La Zorra y el Chivo en el Pozo", se ilustra de manera vívida la naturaleza de la seguridad.

Una zorra cae accidentalmente en un pozo profundo y, al verse incapaz de salir, se resigna a su destino.

Un chivo sediento, al acercarse al pozo, pregunta a la zorra sobre la calidad del agua, ocultando su verdadero propósito.

La zorra, hábilmente, lo incita a bajar al pozo con halagos sobre el agua.

Una vez abajo, el chivo se encuentra atrapado y la zorra, lejos de ayudarlo como prometió, lo abandona.

La moraleja subyacente resalta la importancia de actuar con prudencia y rectitud, recordando que nuestras acciones pueden tener consecuencias inesperadas.

En términos generales, la seguridad se entiende como el estado de bienestar percibido y disfrutado por los seres humanos.

Una anécdota reveladora compartida por Albert Einstein ejemplifica este concepto, donde un niño cuestiona la existencia de Dios y el mal en el mundo.

Comparando el frío y la oscuridad como la ausencia de calor y luz respectivamente, el niño argumenta que el mal es simplemente la ausencia de Dios en el corazón humano.

La mejor definición de seguridad es, quizás, la ausencia de riesgo.

En nuestra búsqueda por asegurar cada aspecto de nuestras vidas, a menudo olvidamos apreciar las maravillas que nos rodean.

En última instancia, solo podemos estar seguros de dos cosas: la muerte y el momento presente.

Sin embargo, podemos ejercer control sobre nuestros pensamientos y emociones, cultivando así la verdadera seguridad interior.

Análisis reflexivo final del capítulo

- **La seguridad en uno mismo se construye a través de la autodisciplina arraigada:**

  - La seguridad en uno mismo se edifica a través de la autodisciplina arraigada. Esto implica cultivar hábitos y prácticas que fortalezcan nuestra confianza y nos permitan enfrentar los desafíos con determinación y serenidad. La autodisciplina nos brinda un sentido de control sobre nuestras acciones y decisiones, lo que a su vez aumenta nuestra seguridad en nuestras capacidades y habilidades.

- **La ausencia de riesgo es la verdadera seguridad:**

  - Cuando eliminamos o minimizamos los riesgos innecesarios en nuestras vidas, creamos un entorno más seguro y protegido para nosotros mismos y para aquellos que nos rodean. La verdadera seguridad no proviene de evitar todo tipo de riesgo, sino de gestionarlos de manera inteligente y responsable.

- **La abundancia de oscuridad es simplemente la falta de luz:**

  - La abundancia de oscuridad es simplemente la falta de luz. Esta afirmación sugiere que la oscuridad no es una entidad independiente, sino más bien la ausencia de luz. De manera similar, en la vida, las situaciones negativas o desafiantes pueden interpretarse como una carencia de positividad o claridad. Al enfocarnos en cultivar la luz en nuestras vidas, podemos disipar la oscuridad y encontrar un mayor sentido de bienestar y esperanza.

- **La falta de frío es la presencia de calor:**

- La falta de frío es la presencia de calor. Esta declaración resalta cómo la ausencia de un elemento puede indicar la presencia de su opuesto. En un sentido metafórico, podemos interpretarlo como la idea de que la ausencia de dificultades o adversidades puede indicar la presencia de comodidad o bienestar. Reconocer esta dinámica nos ayuda a apreciar y valorar los momentos de calma y felicidad en nuestras vidas.

- **La presencia de guerra es la ausencia de paz:**

- La presencia de guerra es la ausencia de paz. Esta afirmación subraya la relación inversa entre la guerra y la paz. Cuando la guerra prevalece, la paz se ve comprometida, y viceversa. Es un recordatorio de que la paz no es simplemente la ausencia de conflicto, sino un estado activo de armonía, comprensión y cooperación entre las personas y las naciones.

- **La ausencia de odio es la presencia de amor, y así sucesivamente:**

La ausencia de odio es la presencia de amor, y así sucesivamente. Esta frase sugiere que el amor y el odio son fuerzas opuestas y que la presencia de una implica la ausencia de la otra. Al centrarnos en cultivar el amor en nuestras vidas y en nuestras relaciones, podemos disminuir la presencia del odio y fomentar un mundo más compasivo y solidario.

He aquí diez consejos sabios para ser más seguros de nosotros mismos.

1. Reflexione sobre sus fortalezas, debilidades, valores y metas para desarrollar una comprensión profunda de quién es usted.

2. Acepte y abrace sus imperfecciones como parte integral de su ser, reconociendo que nadie es perfecto y que todos estamos en constante evolución.

3. Defina metas realistas y específicas que le ayuden a avanzar hacia el desarrollo personal y profesional.

4. Identifique y cuestione las creencias negativas que le impiden alcanzar su máximo potencial,

reemplazándolas con pensamientos más positivos y constructivos.

5. Practiqie la comunicación asertiva, la empatía y el establecimiento de límites saludables en sus relaciones interpersonales.

6. Reconozca sus logros pasados y valore sus capacidades, recordándose a usted mismo que es capaz de enfrentar cualquier desafío que se le presente.

7. stablezca límites claros y aprende a decir "no" cuando sea necesario, priorizando tu bienestar y tus necesidades.

8. Vista de una manera que le haga sentir cómodo y seguro, cuidando su higiene y presentación personal.

9. Dedique tiempo regularmente para cuidar su bienestar físico, mental y emocional, incluyendo ejercicio, descanso adecuado y actividades que le traigan alegría.

10. Actúe de acuerdo con sus valores y principios, siendo fiel a usted mismo en todas las situaciones, lo que le ayudarán a construir una autoconfianza sólida y duradera.

En resumen, la seguridad es un estado dinámico que se nutre de la confianza, la prudencia y la percepción del riesgo. Es una fuerza que se construye desde adentro, reflejando la armonía entre nuestras acciones y nuestras convicciones más profundas.

7

La confianza

7

La confianza

"Si no tienes confianza, siempre encontrarás una manera de no ganar." **Carl Lewis**

La confianza es una cualidad del que tiene total seguridad de algo o alguien, se deriva de verbo confiar.

Sus componentes léxicos son el prefijo "con" (todo, junto) como en conectar, consolidar y consumir.

Se relaciona con la raíz indoeuropea "KOM-" (junto-cerca de), que nos dio "koiné", "cenobio", "epiceno" a través del griego "koinos" (común). La raíz "fi-" del verbo fiar, del latín "findere" (confiar), y este es de "fides" (lealtad, fe y confianza). El sufijo "-anza-" como en "fianza", "esperanza", "tardanza" y "venganza".

Es equivalente a "ancia-encia" (del latín "antia-antia"), compuesto de dos sufijos: "-nt-" (agente) y "-ai-" (cualidad).

De ahí tenemos también: coherencia, contingencia, creencia, experiencia, inteligencia, tendencia, etc.

Antes de sumergirnos en la siguiente fábula de "La zorra que nunca había visto un león", que ilustrará este capítulo, es importante reconocer el poder del encuentro con lo desconocido y cómo nuestras reacciones ante tales encuentros pueden moldear nuestro desarrollo personal.

Esta historia, arraigada en la enseñanza ancestral, nos invita a reflexionar sobre el temor inicial que experimentamos al enfrentarnos a lo nuevo y desconocido y como a medida que seguimos el viaje de la valiente zorra, exploraremos cómo la repetición de experiencias puede transformar el miedo en confianza y la confianza en seguridad, un recordatorio atemporal de cómo nuestras acciones y percepciones pueden influir en la confianza que poco a poco desarollamos.

Y ahora vamos con la historia "La zorra que nunca había visto un león".

Había una vez una zorra que nunca había visto un león. El destino la puso un día delante de la real fiera y, como era la primera vez que lo veía, sintió un miedo tan espantoso que se alejó tan rápido como pudo.

Al encontrarse con el león por segunda vez, aún sintió miedo, pero menos que antes, y lo observó con calma durante un rato.

En fin, al verlo por tercera vez, se envalentonó lo suficiente como para acercarse a él para entablar una comunicación.

La moraleja que deja esta fábula es que cualquier acción repetitiva durante mínimo 21 días crea un hábito.

Los hábitos adquiridos crean confianza, la confianza y seguridad y la seguridad nos hace más felices.

El concepto de que la repetición de una acción durante al menos 21 días puede convertirla en un hábito arraigado es un principio bien establecido en la psicología del comportamiento. Se ha observado que, tras 90 días de práctica continua, estos hábitos se vuelven aún más sólidos y se integran completamente en nuestra identidad y rutina diaria.

Los hábitos positivos no solo influyen en la forma en que vivimos nuestras vidas, sino que también tienen un impacto significativo en nuestra confianza y seguridad personal.

Esta confianza y seguridad en nuestras propias capacidades y decisiones contribuyen de manera sustancial a nuestro bienestar emocional y a nuestra sensación general de felicidad y satisfacción.

Por lo tanto, el cultivo y mantenimiento de hábitos saludables y positivos puede ser crucial para mejorar nuestra calidad de vida y alcanzar un estado de plenitud y equilibrio en todos los aspectos de nuestra existencia.

La pregunta más importante que debemos hacernos cuando estamos decaídos es porqué lo estamos.

Quizás lo estamos porque nos sentimos avergonzados o culpables por algo.

La culpa y la vergüenza activan circuitos neuronales similares, incluyendo la corteza prefrontal dorsomedial, la amígdala y el núcleo accumbens.

El orgullo y la preocupación son emociones poderosas que, al igual que la culpa y la vergüenza, pueden obstaculizar nuestra capacidad para experimentar la felicidad plenamente.

El orgullo, cuando se convierte en arrogancia o egocentrismo, puede alejarnos de los demás y dificultar la conexión genuina y la empatía, elementos clave para una vida satisfactoria y plena.

Por otro lado, la preocupación constante puede consumir nuestra energía mental y emocional, impidiéndonos disfrutar el momento presente y concentrarnos en lo que realmente importa.

La preocupación excesiva por el futuro puede generar ansiedad y estrés, lo que a su vez afecta negativamente nuestra capacidad para experimentar la felicidad y el bienestar en el presente.

En última instancia, reconocer y gestionar estas emociones de manera saludable es esencial para cultivar un estado de ánimo positivo y una mayor satisfacción con la vida. Esto puede implicar practicar la aceptación, la gratitud y el autocuidado, así como desarrollar habilidades para manejar el estrés y la ansiedad de manera efectiva.

Sin embargo, créanlo o no la preocupación hace que nuestro cerebro se sienta un poco mejor, porque al menos nos hace pensar que estamos haciendo algo acerca de nuestros problemas.

De hecho, la preocupación puede ayudar a calmar el sistema límbico aumentando la actividad en la corteza prefrontal media y disminuyendo la actividad en la amígdala.

Pero la culpa, la vergüenza y la preocupación son soluciones horribles a largo plazo. Entonces, ¿qué dicen los neurocientíficos que debemos hacer?

El neurocientífico e investigador de la UCLA, Alex Corb, realizó un nuevo estudio de neurociencia en el que nos revela cuatro rituales que nos harán felices.

Este estudio que leerán a continuación es una muestra clara de que la confianza es una parte fundamental para tener esa línea ascendente hacia la felicidad.

He aquí los cuatro rituales que aumentarán nuestra felicidad, veamos.

1. Estar agradecidos

La gratitud es increíble y aumenta la dopamina al igual que lo haría cualquier antidepresivo. Los beneficios de la gratitud activan la región del tallo cerebral que produce dopamina. Además, la gratitud hacia los demás aumenta la capacidad de ser más sociales y agradables.

Aumenta la serotonina del neurotransmisor al igual que lo hace la gratitud.

Trate de pensar en cosas por las que está agradecido y eso lo obligará a enfocarse en los aspectos positivos de su vida.

Yo sé, que a veces la vida da golpes muy fuertes

en el estómago y parece que no hay nada por lo que agradecer.

Pero recordar es estar agradecido y es una forma de inteligencia emocional y al tener mayor inteligencia emocional, requerimos menos esfuerzo para estar agradecidos.

La gratitud, como estado mental y práctica diaria, tiene efectos sorprendentes en nuestro bienestar emocional y mental. Numerosos estudios han demostrado que practicar la dopamina en el cerebro, es una sustancia química asociada con la sensación de placer y bienestar.

Cuando expresamos gratitud, nuestro cerebro libera dopamina y otros neurotransmisores que nos hacen sentir bien.

Este aumento en los niveles de dopamina puede tener efectos similares a los de los antidepresivos, ya que ayuda a contrarrestar los sentimientos de tristeza, ansiedad y estrés.

Además, la gratitud también está relacionada con la reducción de los niveles de cortisol, la hormona del estrés, lo que contribuye a una sensación general de calma y tranquilidad.

Al practicar la gratitud de forma regular, podemos entrenar nuestro cerebro para enfocarse en aspectos positivos de nuestra vida, lo que puede mejorar nuestra perspectiva, aumentar nuestra resiliencia emocional y promover un mayor bienestar en general.

Incorporar hábitos de gratitud, como llevar un diario de agradecimiento o expresar verbalmente aprecio hacia los demás, puede ser una herramienta poderosa para cultivar una mentalidad positiva y una mayor felicidad en la vida cotidiana.

La gratitud no solo nos hace más felices, pero también crea un ciclo de retroalimentación positiva en nuestras relaciones con los demás.

2. Etiquete sus sentimientos negativos

Cuando se sienta mal… ¿Sabe identificar el porqué de esa emoción? Reconocer conscientemente sus emociones reduce su impacto.

En un estudio de FMRI llamado "Poniendo sentimientos en palabras", se descubrió que nombrar las emociones, activa la corteza prefrontal ventrolateral, y eso reduce la reactividad emocional de la amígdala.

De hecho, cuando se hicieron estudios sobre parejas casadas, cuanto más fuerte es el matrimonio, más poderoso es el efecto.

Además, tomarse de las manos con alguien puede ayudarlo a usted y a su cerebro a través de situaciones dolorosas.

Un estudio de FMRI analizó a mujeres casadas cuando se les advirtió que estaban a punto de sufrir una pequeña descarga eléctrica.

Mientras anticipaban los golpes dolorosos, el cerebro mostraba un patrón predecible de respuesta en el dolor y los circuitos preocupantes, con la activación en la ínsula, el cíngulo anterior y la corteza prefrontal dorsolateral.

Durante un examen por separado, las mujeres sostuvieron las manos de sus esposos o la mano del experimentador.

Cuando la mujer sostenía la mano de su marido, la amenaza de descarga tenía un efecto menor.

El cerebro mostró una activación reducida tanto en la corteza cingulada anterior como en la corteza prefrontal dorsolateral, es decir, menos actividad en los circuitos del dolor y de preocupación.

Si describimos una emoción en una o dos palabras, eso nos ayudara a reducir el dolor emocional que nos pueda causar.

Los métodos antiguos estaban muy por delante en este sentido y la meditación lo ha demostrado por siglos.

El etiquetado de emociones es una herramienta fundamental de atención, de hecho, afecta al cerebro de manera tan poderosa que también funciona con otras personas.

Etiquetar emociones es una de las herramientas utilizadas por los negociadores antisecuestros del FBI.

El suprimir las emociones no funciona y puede ser contraproducente. Intentar suprimir una emoción negativa no solo es ineficaz, sino que puede aumentar la excitación en el sistema límbico.

Etiquetar las emociones, por otro lado, marca una gran diferencia. Describir una emoción en una o dos palabras puede ayudar a reducir su impacto emocional.

3. Tome decisiones conscientes

Tomar decisiones a nivel consciente, reduce la preocupación y la ansiedad, además de ayudar a resolver problemas.

La toma de decisiones involucra la creación de intenciones y objetivos, lo que compromete positivamente la corteza prefrontal y reduce la actividad del cuerpo estriado, que a menudo está relacionada con impulsos negativos y rutinas poco saludables.

La neurociencia sugiere que no es necesario buscar la perfección al tomar decisiones. Optar por una decisión "lo suficientemente buena" activa áreas prefrontales dorsolaterales, lo que nos hace sentir más en control y reduce el estrés.

Estas áreas están asociadas con la toma de decisiones y la regulación emocional. Al elegir una opción que satisfaga nuestras necesidades básicas y objetivos sin perseguir la perfección, nuestro cerebro experimenta una sensación de control y reducción del estrés.

Esta elección consciente de una opción aceptable nos permite avanzar sin quedar atrapados en la indecisión o la búsqueda interminable de la opción perfecta. Esto respalda la idea de que buscar la perfección puede ser contraproducente y generar estrés innecesario.

Además, tomar decisiones "lo suficientemente buenas" nos libera de la presión autoimpuesta de alcanzar estándares imposiblemente altos, lo que puede conducir a una mayor satisfacción y bienestar emocional.

En lugar de buscar la perfección, centrarnos en opciones satisfactorias nos permite avanzar de manera más eficiente y mantener un equilibrio emocional saludable.

Las decisiones aumentan el placer en los seres humanos y aún en experimentos con animales de laboratorio.

¿Quieren una prueba? No hay problema. Hablemos de la cocaína y un experimento realizado con dos ratas a las cuales les aplicaron inyecciones de cocaína.

La rata A tuvo que tirar primero de una palanca. La rata B no tenía que hacer nada. ¿Alguna diferencia? Sí. La rata A recibió un mayor impulso de la dopamina. Entonces ambas recibieron las mismas inyecciones de cocaína al mismo tiempo, pero la rata A tuvo que presionar activamente la palanca y la rata B no tuvo que hacer nada.

La rata A liberaba más dopamina en su núcleo accumbens. Entonces, ¿cuál es la lección aquí?

Cuando tomamos una decisión sobre un objetivo y luego lo logramos, nos sentimos mejor que cuando las cosas buenas solo suceden por casualidad.

Y esto responde al eterno misterio de por qué forzarnos a ir al gimnasio puede ser tan difícil. Si vamos porque tenemos que ir no es realmente una decisión voluntaria.

En ese caso el cerebro no recibe el impulso de placer, por lo contrario siente estrés. Y esa no es la forma de construir un buen hábito de ejercicio.

Curiosamente, si nos vemos obligados a hacer ejercicio, no obtenemos los mismos beneficios, porque sin elección, el ejercicio en sí mismo es una fuente de estrés.

4. El contacto físico es esencial

El contacto físico, como abrazos y caricias, libera oxitocina, una hormona que promueve el vínculo social y reduce el estrés.

La exclusión social activa los mismos circuitos cerebrales que el dolor físico, destacando la importancia de las relaciones interpersonales para la felicidad.

Abrazar a alguien puede reducir el dolor y aumentar el placer. La investigación sugiere que recibir cinco abrazos al día durante cuatro semanas puede aumentar significativamente la felicidad.

El contacto físico fortalece los vínculos sociales y promueve el bienestar emocional.

En conclusión este capítulo es una guía práctica para cultivar la felicidad basada en la investigación neurocientífica, destacando la importancia de la gratitud, el reconocimiento emocional, la toma de decisiones conscientes y el contacto físico en nuestro camino hacia una vida más plena y satisfactoria.

Estos principios fundamentales, respaldados por la neurociencia, nos ofrecen un camino claro hacia una vida más plena y satisfactoria.

La gratitud nos conecta con lo que valoramos en nuestras vidas, mientras que etiquetar nuestras emociones nos ayuda a comprender y gestionar mejor nuestros estados mentales; el tomar decisiones conscientes nos empodera y nos libera de la parálisis por análisis, permitiéndonos avanzar con confianza, además, el contacto físico, especialmente a través de abrazos, fortalece nuestras relaciones y nutre nuestro bienestar emocional.

Al integrar estos elementos en nuestra vida diaria, podemos cultivar una mayor resiliencia emocional y una sensación más profunda de conexión con nosotros mismos y con los demás.

Reconocer la importancia de la gratitud, la autorreflexión emocional, la toma de decisiones conscientes y el contacto físico nos capacita para enfrentar los desafíos de la vida con una actitud más positiva y constructiva.

En última instancia, el camino hacia la felicidad no es un destino final, sino un viaje continuo de autodescubrimiento y crecimiento personal.

Al adoptar estos principios fundamentales y aplicarlos en nuestra vida diaria, podemos abrirnos a un mayor sentido de bienestar y satisfacción, disfrutando plenamente de cada momento que la vida nos ofrece.

Al profundizar en el análisis reflexivo de este capítulo, se revela una verdad fundamental; nuestra felicidad está intrínsecamente ligada a nuestra capacidad de relacionarnos con el mundo que nos rodea y de gestionar nuestras emociones de manera efectiva.

La gratitud, al liberar la serotonina en nuestro cerebro, actúa como un catalizador para una vida más feliz y plena.

Etiquetar nuestras emociones nos permite comprenderlas y abordarlas de manera constructiva, lo que contribuye significativamente a nuestro bienestar emocional.

Tomar decisiones conscientemente nos ayuda a reducir el estrés y la ansiedad que conllevan a problemas graves de salud.

Los abrazos y el contacto físico no solo nos brindan consuelo y apoyo en momentos de necesidad, sino que también desencadenan respuestas químicas en nuestro cerebro que promueven la felicidad y el bienestar general.

Estos cuatro rituales que realmente son basadas en acciones simples son muy poderosos y fortalecen nuestras relaciones y nos hacen sentir conectados y amados.

En resumen, la integración de estos elementos en nuestra vida cotidiana puede tener un impacto transformador en nuestra felicidad y satisfacción.

Al practicar la gratitud, etiquetar nuestras emociones, tomar decisiones conscientes y buscar el contacto físico, podemos cultivar un sentido más profundo de bienestar y conexión con nosotros mismos y con los demás.

Este enfoque holístico hacia la felicidad nos capacita para enfrentar los desafíos de la vida con mayor fortaleza y resiliencia, permitiéndonos vivir una vida más plena y significativa.

Analicemos la palabra "confianza" en aplicaciones que podemos hacer a nuestra propia vida.

Cuando hablamos de confiar en uno mismo en lugar de confiar ciegamente en los demás, hay varios aspectos a considerar:

1. **Autonomía:** Al confiar en nuestras propias capacidades y decisiones, desarrollamos autonomía e independencia. Esto nos permite tomar el control de nuestra vida y no depender exclusivamente de otros para alcanzar nuestros objetivos.

2. **Responsabilidad:** Al confiar en nosotros mismos, asumimos la responsabilidad de nuestras acciones y sus consecuencias. Esto nos hace más conscientes de nuestras elecciones y nos impulsa a ser más cuidadosos y considerados en nuestras decisiones.

3. **Autoconocimiento:** Confiar en uno mismo implica un profundo conocimiento de nuestras fortalezas, debilidades, valores y metas. Este autoconocimiento nos permite tomar decisiones alineadas con lo que realmente queremos y necesitamos, en lugar de depender de la dirección de otros.

4. **Empoderamiento:** Al confiar en nuestras propias habilidades y juicio, nos empoderamos para tomar medidas y enfrentar los desafíos que se nos presenten. Esto nos ayuda a

construir confianza en nosotros mismos y a desarrollar una mentalidad de crecimiento y resiliencia.

5. **Autenticidad:** Al confiar en nuestras propias opiniones y sentimientos, nos mantenemos fieles a nosotros mismos y a nuestras convicciones. Esto nos permite vivir una vida auténtica y coherente con nuestros valores y principios.

6.

Sin embargo, es importante destacar que confiar en uno mismo no significa desconfiar completamente de los demás.

Es fundamental encontrar un equilibrio saludable entre confiar en nuestras propias capacidades y habilidades, y estar abiertos a recibir apoyo, orientación y colaboración de los demás cuando sea necesario.

La clave está en desarrollar la confianza en uno mismo como base sólida sobre la cual construir relaciones y colaboraciones significativas con los demás

8

⬆️⬇️

El autoconocimiento

8

El auto conocimiento

"Solo hay un mal, la ignorancia; solo hay un bien, el conocimiento"

Sócrates

Según la mitología griega, Zeus creó al hombre con una vida limitada.

Sin embargo, el hombre, valiéndose de su inteligencia, construyó una casa para protegerse del frío y la lluvia cuando llegaba el invierno.

Los animales, como el caballo, el buey y el perro, acudieron al hombre en busca de refugio, ofreciéndole parte de sus años a cambio de acuerdo a esta leyenda.

Dicen por ahí que Dios creó al burro y le dijo:

"Serás burro, trabajarás incansablemente de sol a sol, cargando bolsas en el lomo, comerás pasto, tendrás inteligencia y vivirás cincuenta años, serás burro" a lo que el burro contestó:

"Seré burro, pero vivir cincuenta años es demasiado, dame solamente veinte años."

Dios se lo concedió y después Dios creó al perro y le dijo:

"Cuidarás las casas de los hombres, serás su mejor amigo, comerás las sobras que te den y vivirás veinticinco años, serás perro."

El perro respondió: "Señor, vivir veinticinco años es demasiado, dame diez años." Dios se lo concedió.

Entonces Dios creó al mono y le dijo: "Serás mono, saltarás de rama en rama haciendo payasadas. Serás divertido y vivirás veinte años".

El mono argumentó: "Señor, vivir veinte años es mucho, dame solamente diez años." Dios se lo concedió.

Finalmente, Dios creó al hombre y le dijo: "Serás hombre, el único ser racional sobre la faz de la tierra. Usarás tu inteligencia para enseñorearte sobre los animales. Dominarás el mundo y vivirás veinte años".

El hombre contestó: "Señor seré hombre, pero vivir veinte años es muy poco. Dame los treinta años que el burro rehusó; los quince años que el perro no quiso; y los diez años que el mono rechazó, dame setenta y cinco años.

Dios se los concedió y desde entonces, el hombre vive veinte años como hombre; se casa, pasa treinta años como burro, trabajando y cargando todo el peso en el lomo. Después, cuando los hijos se van, vive quince años como perro, cuidando la casa y comiendo lo que le den, para luego llegar a viejo, jubilarse y vivir diez años como mono, saltando de casa en casa, de hijo en hijo, y haciendo payasadas para divertir a los nietos

Esta leyenda nos recuerda la importancia de conocernos a nosotros mismos para comprender nuestras acciones y actitudes a lo largo de la vida.

Moraleja:

Conócete a ti mismo y conocerás a Dios y al universo del que formas parte.

El consejo de "Conócete a ti mismo" se remonta a la antigüedad, como lo expresó Don Quijote a Sancho Panza.

Reconocer nuestras propias virtudes y limitaciones es esencial para el crecimiento personal y el éxito en cualquier empresa.

Sócrates, famoso por su sabiduría, se encontró con el oráculo de Delfos en busca de conocimiento.

La respuesta del oráculo lo llevó a la conclusión de que el primer paso para entender el mundo exterior es comprender nuestro mundo interior.

Para implementar cambios significativos en nuestras vidas, debemos comprendernos a nosotros mismos en profundidad.

Los hábitos arraigados desde la infancia y nuestras creencias subyacentes pueden influir en la rapidez con la que podemos cambiar.

La autodisciplina y la voluntad juegan un papel crucial en este proceso.

La técnica del cambio y la transformación requiere una serie de siete pasos específicos:

1. **Definición**
   Es crucial identificar claramente el área que deseamos cambiar.
2. **Elección** Seleccionar un lugar tranquilo y un horario adecuado para practicar.
3. **Respiración**
   La respiración consciente nos conecta con nuestro ser interior y promueve la relajación.
4. **Relajación**
   Aflojar la tensión física y mental para prepararnos para el cambio.
5. **Meditación y Concentración**
   La meditación nos ayuda a calmar la mente y concentrarnos en nuestros objetivos.
6. **Visualización Creativa**
   Visualizar el cambio deseado fortalece nuestro compromiso con el objetivo.
7. **Acción** Finalmente, la acción es crucial para materializar el cambio en nuestras vidas.

Practicar cada uno de estos pasos en primera persona antes de aplicar la técnica con otros aumenta su efectividad y nos prepara para ayudar a transformar la vida de los demás.

Los tres canales de comunicación: visual, auditivo y kinestésico, nos brindan una comprensión más profunda de cómo interactuamos con el mundo y con los demás.

Dominar estos canales nos permite influir positivamente en la vida de quienes nos rodean.

Al comprendernos a nosotros mismos y aplicar técnicas efectivas de cambio y transformación, podemos alcanzar nuestro máximo potencial y enriquecer nuestras vidas y las de los demás.

En la búsqueda del autoconocimiento y la mejora personal, es fundamental entender cómo nuestras acciones y pensamientos afectan tanto a nosotros mismos como a quienes nos rodean.

La capacidad de reflexionar sobre nuestras experiencias y emociones nos permite crecer y desarrollarnos de manera más completa.

El proceso de cambio y transformación personal requiere perseverancia y dedicación. A menudo, enfrentamos obstáculos y desafíos en nuestro camino hacia el autodescubrimiento.

Sin embargo, al mantenernos enfocados en nuestros objetivos y aprender de nuestras experiencias, podemos superar estas dificultades y seguir avanzando hacia una vida más plena y satisfactoria.

Además del autoconocimiento, la conexión con los demás desempeña un papel crucial en nuestro bienestar emocional.

Las relaciones significativas y el apoyo social son aspectos fundamentales de la felicidad y la satisfacción en la vida.

Al cultivar relaciones saludables y brindar apoyo a quienes nos rodean, podemos experimentar una mayor alegría y sentido de pertenencia.

En resumen, el viaje hacia el autoconocimiento y la realización personal es una empresa valiosa y enriquecedora.

Al comprendernos a nosotros mismos y nuestras interacciones con el mundo, podemos vivir con mayor autenticidad y propósito.

Con esfuerzo y determinación, podemos crear una vida llena de significado y felicidad, tanto para nosotros mismos como para los demás.

Es esencial recordar que el proceso de autodescubrimiento y crecimiento personal es continuo.

A medida que enfrentamos nuevos desafíos y experiencias en la vida, seguimos aprendiendo y evolucionando.

Mantener una actitud de apertura y curiosidad nos permite seguir creciendo y desarrollándonos a lo largo de nuestras vidas.

En última instancia, el autoconocimiento nos brinda la capacidad de vivir de manera más consciente y deliberada.

Al comprender nuestras fortalezas y debilidades, podemos tomar decisiones más informadas y alineadas con nuestros valores y metas personales.

Esto nos permite vivir con mayor autenticidad y satisfacción, creando una vida que refleje quiénes somos realmente y lo que valoramos en la vida.

Conocernos a nosotros mismos es fundamental para comprender nuestras acciones y actitudes a lo largo de la vida. Este conocimiento íntimo nos brinda una perspectiva más clara sobre quiénes somos, qué nos impulsa y cómo interactuamos con el mundo que nos rodea.

A continuación, hay diez razones por las cuales es importante conocernos a nosotros mismos:

1.**Autoconciencia** Entender nuestras fortalezas, debilidades, valores y creencias nos permite tomar decisiones más alineadas con nuestros objetivos y aspiraciones. Nos ayuda a identificar áreas en las que queremos crecer y mejorar.

2. **Autoaceptación:** Conocer nuestras características únicas y aceptarlas nos permite abrazar nuestra autenticidad y desarrollar una relación más compasiva con nosotros mismos. Nos libera del autojuicio excesivo y nos permite ser más comprensivos con nuestras imperfecciones.

3. **Gestión emocional:** La autoconciencia nos ayuda a reconocer nuestras emociones y comprender qué las desencadena. Esto nos permite manejar mejor el estrés, la ansiedad y otras emociones difíciles, ya que podemos identificar sus raíces y tomar medidas para abordarlas de manera efectiva.

4. **Mejora de las relaciones:** Al conocernos mejor, también podemos comprender mejor a los demás. Esto facilita la comunicación, fomenta la empatía y fortalece nuestras relaciones interpersonales al permitirnos relacionarnos desde un lugar de autenticidad y comprensión mutua.

5. **Autodirección:** El autoconocimiento nos capacita para tomar decisiones conscientes que estén alineadas con nuestros valores y metas personales.

Nos ayuda a definir nuestras prioridades y nos brinda un sentido claro de dirección en la vida.

6 El autoconocimiento

Es fundamental para el crecimiento y el desarrollo personal. Nos permite identificar áreas en las que queremos mejorar y nos brinda la capacidad de establecer metas realistas y alcanzables. Al entender nuestras motivaciones y aspiraciones más profundas, podemos trabajar de manera más efectiva para alcanzar nuestro máximo potencial.

7. Resiliencia:

Conocernos a nosotros mismos nos hace más resilientes ante los desafíos y las adversidades. Cuando comprendemos nuestras fortalezas y debilidades, somos más capaces de adaptarnos a los cambios y superar los obstáculos con determinación y perseverancia. Esto nos ayuda a mantener una actitud positiva incluso en tiempos difíciles.

8. Empoderamiento:

La autoconciencia nos empodera al darnos el control sobre nuestras vidas. Nos ayuda a tomar decisiones informadas y a asumir la responsabilidad de nuestras acciones. En lugar de sentirnos a merced de las circunstancias externas, nos convertimos en agentes activos de nuestro propio destino, capaces de crear la vida que deseamos.

9. Bienestar integral:

Conocernos a nosotros mismos contribuye significativamente a nuestro bienestar integral. Nos permite alinear nuestras acciones con nuestros valores y vivir una vida más auténtica y significativa. La coherencia entre lo que pensamos, sentimos y hacemos promueve un mayor sentido de satisfacción y plenitud en todas las áreas de nuestra vida.

10 Autenticidad

Finalmente, el autoconocimiento nos permite vivir con autenticidad y congruencia. Al conocer nuestras verdaderas necesidades, deseos y aspiraciones, podemos vivir de acuerdo con nuestra verdadera esencia y evitar la sensación de estar viviendo una vida falsa o insatisfactoria. La autenticidad nos conecta con nuestro ser más profundo y nos permite experimentar una mayor alegría y realización en la vida.

En resumen, el viaje hacia el autoconocimiento y la autorrealización es un proceso fundamental en la búsqueda de una vida significativa y satisfactoria.

Al comprometernos con este proceso y trabajar activamente en nuestro crecimiento personal, podemos cultivar una mayor felicidad, bienestar y sentido de propósito en nuestras vidas.

9

⇧⇩

La ley de las probabilidades

9

La ley de las probabilidades

"Solo hay un mal: la ignorancia; solo hay un bien: el conocimiento."

Socrates

"La teoría de la probabilidad no es más que sentido común reducido a cálculos."

Pierre Simon Laplace

Aunque se dice que civilizaciones antiguas como los sumerios, babilonios, egipcios y griegos ya daban indicios matemáticos de la teoría de la probabilidad, fue hasta el siglo diecisiete cuando los matemáticos Blaise Pascal y Pierre de Fermat llevaron las matemáticas a un nuevo nivel e iniciaron las bases de la teoría de la probabilidad al predecir juegos de azar mediante su medición probabilística.Más tarde, en 1763, el inglés Thomas Bayes predice la probabilidad de eventos futuros según el conocimiento a priori.

Dos siglos antes, en 1564, Gerolamo Cardano, matemático italiano, escribió "Liber de Ludo Alea" (El Libro de los Juegos del Azar), la primera obra sobre probabilidad.

En conjunto, estos científicos y otros más nos informan sobre esta estrategia de probabilidad.

La probabilidad de que ocurra un suceso se puede medir matemáticamente realizando experimentos para comprobar la frecuencia del suceso y dividiendo el resultado por el número de intentos.

Esto se llama "frecuencia relativa". También se puede calcular dividiendo el número de resultados deseados por el número total de resultados posibles, lo que se llama "probabilidad teórica".

Estos dos conceptos básicos de la probabilidad son fundamentales para predecir un resultado, ya sea negativo o positivo.

Por supuesto, si la cantidad de intentos es mayor, el resultado tenderá a ser positivo (frecuencia relativa), mientras que si los intentos son esporádicos, el resultado tiende a ser negativo (probabilidad teórica).

Aunque ambos conceptos son importantes para lograr objetivos, metas y sueños en el ámbito del cambio y la transformación de hábitos, es esencial la "frecuencia relativa", ya que "a mayores intentos, mejores resultados". Querido lector, en tus manos está el mejor resultado en esta técnica de transformación.

La "frecuencia relativa" es un concepto crucial cuando se trata de lograr cambios significativos en nuestros hábitos y comportamientos.

Aunque tanto la consistencia como la persistencia son importantes para alcanzar nuestros objetivos, la frecuencia relativa nos recuerda que la cantidad de intentos también desempeña un papel fundamental en nuestro éxito.

Cuanto más nos exponemos a una actividad o tarea, mayores son las posibilidades de dominarla y convertirla en un hábito arraigado. Cada intento nos brinda la oportunidad de aprender y mejorar, incluso si experimentamos contratiempos en el camino.

La repetición constante nos ayuda a reforzar nuevas conductas y a superar los obstáculos que puedan surgir.

Además, la frecuencia relativa nos impulsa a seguir adelante incluso cuando enfrentamos desafíos o momentos de duda.

Al entender que cada intento nos acerca un poco más a nuestro objetivo, nos motivamos a perseverar y a no rendirnos ante las dificultades. En lugar de desanimarnos por los fracasos temporales, los vemos como oportunidades para aprender y crecer.

En resumen, la frecuencia relativa nos enseña que no se trata solo de la calidad o la consistencia de nuestros esfuerzos, sino también de la cantidad de intentos que realizamos. Cuantas más veces intentemos cambiar un hábito o alcanzar una meta, mayores serán nuestras probabilidades de éxito a largo plazo. Por lo tanto, es importante mantenernos comprometidos y persistentes en nuestro camino hacia la transformación personal.

La última palabra la tienes tú. ¿Hasta dónde quieres llegar? ¿Qué tan lejos está tu objetivo final? ¿A qué ritmo quieres caminar hacia tu meta?

Para cada persona, el ritmo y las circunstancias son diferentes; algunos pueden lograr un cambio de hábito más rápido que otros.

He creado una serie de palabras y verbos positivos que utilizarás durante este proceso como una base sólida e intrínseca para tu conversión, así como algunos adjetivos calificativos que forman parte del cambio.

La gramática es fundamental para todo cambio positivo, ya que utilizando el lenguaje correcto es como el elixir de los dioses.

Quiero recalcar que estos son solo algunos verbos y palabras positivas; tú puedes agregar los que mejor se adapten a tu situación.

El hecho de crear un lenguaje filosófico positivo te ayuda más de un 50% a conseguir tu cambio de hábitos en un periodo relativamente corto.

Enero	Agradecer	"Hijo, gracias porque cada día eres más obediente"
Febrero	Disfrutar	"Hijo, disfruto al máximo que cada día seas más obediente"
Marzo	Felicidad	"Hijo, soy muy feliz porque cada día eres más obediente"
Abril	Adorar	"Hijo, te adoro porque cada día eres más obediente"
Mayo	Estimar	"Hijo, te estimo mucho porque cada día eres más obediente"
Junio	Placer	"Hijo, es un placer observar que cada día eres más obediente"

Julio	Amar	"Hijo, te amo porque cada día eres más obediente"
Agosto	Querer	"Hijo, te quiero porque cada día eres más obediente,"
Setiembre	Felicitar	"Hijo, te felicito porque cada día eres más obediente"
Octubre	Admirar	"Hijo, te admiro porque cada día eres más obediente"
Noviembre	Bendecir	"Hijo, Dios te está bendiciendo porque cada día eres más obediente"
Diciembre	Apreciar	"Hijo, te aprecio mucho porque cada día eres más obediente"

A continuación, te explico de manera clara y concreta cómo puedes realizar esta técnica de transformación, así como las fechas, los días, los tiempos, etc.

Para empezar, supongamos que quieres ayudar a tu hijo a sustituir la impaciencia por la paciencia.

Ese es el cambio que deseas hacer, entonces lo primero que debes hacer es tomar a tu hijo de las manos, mirarlo a los ojos y decirle la siguiente oración: "Hijo, deseo conversar contigo algo muy importante".

Utilizarás el verbo "amar" durante 30 días, y también la palabra "más" para no caer en un estado de conformidad, finalizando con la palabra "paciencia" en este caso.

Este adjetivo calificativo de cambio también lo utilizarás durante 30 días, o el tiempo necesario.

Aquí te muestro un cambio de hábitos completo que dura un año, o puedes prolongarlo según lo desees.

También tienes la opción de pasar al siguiente cuando ya hayas terminado el anterior.

Este es el ejemplo y el procedimiento a seguir para obtener un resultado satisfactorio, utilizando el verbo "amar" en conjunción con la obediencia.

Cuando acompañas la obediencia con un ejemplo en el que tu hijo tuvo un acto de obediencia, el resultado es espectacular

 Utiliza siempre un ejemplo al final de la oración para crear un hábito más profundo y arraigado en tu ADN.

Ahora te muestro un esquema anual para la creación de hábitos:

El octavo y último paso para el cambio de hábitos en sí no es un paso, sino el RESULTADO. Es la satisfacción final por haber luchado arduamente siguiendo los siete pasos anteriores, realizando un gran esfuerzo y una dedicación bárbara para lograr tu objetivo de cambio.

Al principio, experimentamos un buffet de leyes, un torbellino de normas y un universo de reglas y requerimientos universales que marcan nuestra pauta de vida.

Con estos siete pasos ya expuestos anteriormente y una disciplina férrea, determinación fuerte, carácter integral, ética impecable, disponibilidad de servir y sentido de la bondad, es factible y posible cambiar viejos hábitos, y más que cambiar, crear nuevos hábitos y sustituir los viejos hábitos por nuevos hábitos.

Quiero aprovechar para hacer un paréntesis y hacer una mención honorífica y un agradecimiento profundo y total a todas las fuentes de información que han contribuido de una forma muy objetiva e instructiva, como Wikipedia, redes sociales y todas las personas con las que dialogué y con gran amabilidad me contaron sus experiencias de vida.

"Si quieres conocer los secretos del universo, piensa en términos de frecuencia, energía y vibración", decía Nikola Tesla, uno de los mejores genios que han transitado la tierra y han dejado un legado difícil de superar.

Y si actuamos en términos de servicio, honestidad y respeto, nuestras vidas se enriquecerán y estaremos más cerca de conocer a nuestro prójimo.

10

⇧⇩

La transformación en plenitud

10

La trasformación en plenitud

"Nos deleitamos con la belleza de la mariposa, pero raramente admitimos los cambios por los que ha pasado para conseguir esa belleza".

Maya Angelus

En este último capítulo vamos a ser testigos de uno de los milagros de transformación más sublimes que existen.

Nos adentraremos en la majestuosa, divina y trascendente transformación de la mariposa.

El proceso de transformación de la mariposa consta de cuatro etapas.

Etapa 1: El huevo

Después del ciclo de apareamiento entre el macho y la hembra, la hembra deposita el huevo en las hojas de los árboles, después de un periodo de cuatro días el huevo pasa a su segunda etapa.

Etapa 2: La oruga

El huevo se convierte en oruga o larva; durante dos

semanas la oruga crece aproximadamente dos mil veces más de su tamaño inicial se alimenta de su misma huésped ósea de la hoja del árbol.

La oruga reabsorbe sus órganos literalmente y empieza a desarrollar alas, patas antenas, etc.

Etapa 3: La crisálida

Justo en esta etapa de metamorfosis (morfe- forma) literalmente más allá de la forma, dos semanas después ocurre la magia de la transformación a una hermosa y divina mariposa.

Etapa 4: La mariposa

Después de un proceso de un mes de transformación el resultado es sublime y magistral.

Hay una bellísima reflexión que quiero compartir con ustedes estimados lectores y posiblemente ya la conocen si no es una oportunidad para agregarla a su lista de reflexiones favoritas.

"La reflexión de la oruga"

Una oruga iba caminando en dirección rumbo al sol, muy cerca del camino se encontraba un duendecillo.

¿Hacia dónde te diriges? le preguntó.

Sin dejar de caminar la oruga contestó:

"Tuve un sueño anoche, soñé que desde la cima de la gran montaña veía todo el valle y me gustó lo que vi en el sueño y he decidido realizarlo."

El duendecillo le dijo mientras la veía alejarse le dijo:

"¡Debes estar loca! ¿Cómo podrás llegar hasta aquel lugar? Tu una simple oruga para alguien tan pequeño como tú, una piedra será una montaña, un pequeño charco el mar o cualquier tronco serán una barrera infranqueable".

Pero la oruga ya estaba lejos y no lo escuchó. De pronto se oyó la voz de un escarabajo:

Oye oruga ¿Hacia dónde te diriges con tanto empeño?

La oruga jadeante contestó:

"¡¡Tuve un sueño y deseo realizarlo!! Subiré esa montaña y de ahí contemplaré todo el mundo."

El escarabajo soltó una carcajada y dijo:

"Ni yo con patas tan grandes intentaría una empresa así de ambiciosa",

El escarabajo se quedó riéndose mientras la oruga continuaba su camino.

De la misma manera hicieron la araña, el topo, la rana, las flores le aconsejaron a la oruga desistir.

"No lo lograrás jamás" le dijeron.

La oruga continuó su camino porque en su interior había un impulso que la obligaba a seguir; la oruga agotada sin fuerzas ya a punto de morir decidió detenerse para construir con su último esfuerzo un lugar donde descansar.

"Estaré mejor aquí"

Fue lo último que dijo y luego murió. Muchos animales del valle fueron a mirar sus restos, ahí estaba el animal más loco de todos quien había construido como tumba un monumento a la insensatez, ese duro refugio era digno de quien había muerto por querer realizar un sueño imposible.

Una mañana en la que el sol brillaba de una manera especial, todos los animales se congregaron a aquello que se había convertido en una advertencia para los atrevidos.

De pronto quedaron atónitos cuando vieron aquella conchita que comenzó a quebrarse y aparecieron unos ojos, una antena y unas alas que no podían pertenecer a la oruga muerta.

Poco a poco como para darles tiempo para reponerse del impacto fueron saliendo las hermosas alas de aquel impresionante ser que tenían frente a ellos. La oruga se había convertido ni más ni menos que en una espléndida mariposa de bellos colores.

No había nada que decir pues todos sabían lo que haría; la mariposa se iría volando hasta la gran montaña y realizaría su sueño.

Aquel sueño por el que había vivido, había muerto y había vuelto a nacer, así que la moraleja de esta historia es la siguiente.

Lucha siempre por tus sueños y permite que tus viejos hábitos mueran para que nuevos hábitos resurjan como el ave fénix e inicies tu metamorfosis al mejorar y enriquecer tu vida.

Así como la oruga se enfocó en su sueño y proceso de transformación para convertirse en una hermosa mariposa, así también enfócate en tu proceso y transforma tu vida superando todos obstáculos que se te presenten en tu camino.

La vida es un proceso, síguelo y disfruta del camino al cambio y a la transformación.

Epílogo

En el camino de la vida, nos encontramos con innumerables encrucijadas donde se nos presenta la oportunidad de cambiar, de transformarnos en la mejor versión de nosotros mismos.

La magia del cambio reside en la convicción de que cada uno de nosotros tiene el poder de moldear su propio destino, de dejar atrás los malos hábitos y abrazar una vida más saludable y plena.

La historia de cada individuo es un relato de evolución constante, donde los capítulos están marcados por decisiones valientes y actos de coraje.

Jesús Rojas el autor de este libro La Magia del Cambio, es un firme creyente de la transformación personal y eso lo llevó a explorar sobre el tema e inspirarlo a escribir este libro, quizás confrontando sus propios miedos y superando obstáculos aparentemente en su camino hacia la autenticidad y la plenitud.

En estas páginas, hemos aprendido que el cambio es más que una simple modificación de comportamiento; es un viaje interno que requiere valentía, compromiso y una dosis saludable de autoaceptación. No debemos temer al cambio, sino abrazarlo como una oportunidad para crecer, aprender y ser más felices.

Cada cambio, por pequeño que parezca, tiene el potencial de impactar positivamente nuestras vidas de formas que nunca podríamos haber imaginado.

Desde adoptar hábitos alimenticios más saludables hasta cultivar relaciones más significativas, cada paso hacia adelante nos acerca un poco más a la versión más auténtica y plena de nosotros mismos.

Recordemos siempre que el cambio es saludable porque nos desafía a salir de nuestra zona de confort, a expandir nuestros límites y a descubrir nuevas facetas de nuestra identidad.

Nos invita a explorar lo desconocido con curiosidad y apertura, confiando en que cada desafío nos fortalece y nos prepara para afrontar los desafíos futuros con resiliencia y determinación.

Así que, mi estimado lector, lo invito a que se sumerjas en la magia del cambio con valentía y determinación.

Abrace cada desafío como una oportunidad para crecer y evolucionar, confiando en que el viaje hacia una vida más plena y saludable está lleno de sorpresas, aprendizajes y, sobre todo, de amor propio.

Eso los hará llegar a la conclusión al final del día, que el cambio más poderoso es aquel que nos lleva a ser la mejor versión de nosotros mismos.

Acerca del autor

Jesús Rojas

Jesús Rojas, es el autor de "La Magia del Cambio" y nació en Celaya, Guanajuato, México, en el seno de un hogar tradicional donde su padre trabajaba en el campo para sostener a sus ocho hijos mientras que su madre se encargaba de las labores del hogar.

Rojas creció en una familia numerosa pues es el mayor de siete hermanos, contándolo a él eran tres varones y cinco mujeres los cuales contribuyeron a que viviera una infancia feliz entre juegos y aventuras con ellos.

Rojas recuerda vívidamente cómo su padre, además de trabajar en el campo, solía irse por temporadas a laborar en Estados Unidos, dejando a su madre a cargo del cuidado de los niños y del hogar.

Desde hace algunos años atrás, Rojas ha mostrado una pasión por estudiar las culturas ancestrales de diversos países y esto lo ha llevado a recorrer parte de nuestro globo terráqueo.

Ha tenido la oportunidad de conocer veintiocho naciones alrededor del mundo, entre las cuales se incluyen Italia, Francia, Alemania, España, Japón, China, Puerto Rico, Costa Rica y Colombia, entre otros más.

A través de estos viajes, Rojas se ha sumergido en diferentes culturas y tradiciones, nutriéndose de ellas para su desarrollo personal.

La inmersión en estas experiencias culturales y su participación en conferencias de expertos en campos como la metafísica y la neurolingüística, han sido fuentes de inspiración para la escritura de su primer libro, "La Magia del Cambio".

Entre los conferenciantes que más admira y lo han inspirado en su pluma literaria, se encuentran Anthony Robbins y Neale Donald Walsch, éste último el autor de "Conversaciones con Dios", quien han dejado una profunda huella en su vida y en su obra.

Jesús Rojas no solo tiene la intención de seguir escribiendo sobre temas diversos, sino que también se dedica a investigar y profundizar en aquello que aprende durante sus exploraciones.

Esta combinación de viajar, investigar y escribir constituye su mayor pasión, y tiene la firme convicción de que continuará compartiendo sus conocimientos a través de sus futuras publicaciones.

FIN

Printed in USA
Los Angeles California
Producido por
Editorial Mundo Latino
(661)468-0147